AF227714

PÉTITION

DE M. P. GASCOGNE,

NÉGOCIANT FRANÇAIS,

A MM. LES MEMBRES DE LA CHAMBRE DES DÉPUTÉS,

Sur les Actes de spoliation et de persécution

EXERCÉS CONTRE LUI

PAR LE GOUVERNEMENT ARGENTIN,

PRÉSIDÉ PAR LE GÉNÉRAL ROSAS,

ET SUR LA VIOLATION A SON ÉGARD, PAR CE MÊME GOUVERNEMENT,

DU TRAITÉ DU 29 ~~SEPTEMBRE~~ *Octobre* 1840.

1845

MESSIEURS LES DÉPUTÉS,

En sollicitant aujourd'hui votre appui, j'ose d'autant plus me flatter de l'obtenir, que c'est après avoir épuisé tous les degrés de juridiction, si je puis m'exprimer ainsi, que je viens invoquer l'intervention des Représentants de la France.

J'aurais désiré pouvoir vous présenter en peu de mots l'objet de mes réclamations ; mais les actes dont j'ai à me plaindre sont si nombreux et en même temps si extraordinaires, que, pour ceux qui n'ont pas une connaissance spéciale de la manière dont est gouvernée la République Argentine depuis quinze ans, l'exposé que je vais avoir l'honneur de vous soumettre paraîtrait incroyable, s'il n'était rapproché des preuves à l'appui. Je ne pourrais donc le renfermer dans un cadre plus étroit ; mais en considération de la gravité des faits, permettez-moi d'espérer que vous ne me refuserez pas un quart-d'heure d'attention.

Dépouillé par les Autorités argentines d'une fortune acquise par vingt-cinq ans de travail, j'ai réclamé d'abord auprès du gouvernement argentin lui-même. Celui-ci, bien loin de me rendre justice, a ajouté aux actes de spoliation dont je me plaignais, d'odieuses persécutions. J'ai eu recours alors aux agents de la France, accrédités auprès du gouvernement Buenos-Ayrien. Leurs démarches n'ont eu d'autre résultat que de constater le mépris de Rosas, non-seulement pour les principes les plus incontestables de la raison et de l'équité, mais aussi pour les agents des puissances qu'il juge n'être pas prêtes à appuyer leurs représentations sur des moyens effectifs de les faire prendre en considération ; c'est au point que le précédent ministre de France à Buenos-Ayres (M. le comte de Lurde), las d'être constamment éconduit par des subterfuges ou des allégations mensongères, qui mettaient en évidence un parti bien arrêté de n'avoir pas plus d'égard pour le caractère dont il était revêtu que pour la justice des réclamations qu'il appuyait, se décida à adresser les dossiers de ces réclamations au Ministère.

Dans cet état de choses, je suis venu en France demander justice au gouvernement du Roi. Depuis plus d'un an, je suis en instance auprès de lui sans avoir pu obtenir encore une solution quelconque ; on m'a seulement laissé entrevoir qu'on était disposé à renvoyer mon affaire à Buenos-Ayres. S'il en était ainsi, Messieurs, autant vaudrait me répondre par un formel déni de justice ; car lorque six ans après les spoliations contre lesquelles je réclame, le Ministre de France à Buenos-Ayres, convaincu de son impuissance, s'est vu réduit à transmettre mes pièces à Paris, me renvoyer, un an plus tard, à me pourvoir près du gouvernement spoliateur, qui a ouvertement manifesté la résolution de ne faire droit à aucune réclamation, qui base son refus à mon égard sur les plus insignes faussetés, ne serait-ce pas consacrer les iniquités dont je suis victime, et autoriser tacitement tous les actes de persécution et de rapine que, depuis son avénement au pouvoir, Rosas et ses agents ne cessent d'exercer contre les malheureux résidents français ?

Dans votre mémorable séance du 25 janvier dernier, M. le Ministre des affaires étrangères a soutenu, avec la puissance habituelle de son talent, le principe des dédommagements dus par un gouvernement à des étrangers que ses agents auraient injustement lésés. Si j'ai bien compris cette grave et importante discussion, le principe n'a été contesté par personne ; la dissidence ne s'est élevée que sur l'application qu'on en voulait faire.

Il ne m'appartient pas, Messieurs, de discuter une semblable question ; mais il doit m'être permis de faire observer que, si le gouvernement français se croit obligé à réparer les préjudices causés par ses agents à des étrangers, il doit tenir à ce que le même principe soit respecté envers ses nationaux par les autres gouvernements.

Eh bien, Messieurs, permettez-moi de mettre sous vos yeux un parallèle que je ne crois pas indigne de votre attention :

M. Pritchard s'est mis en opposition ouverte avec les Autorités françaises, au point d'amener un déplorable conflit.

Uniquement occupé de mes affaires, complétement étranger à la politique locale, les persécutions exercées contre moi n'ont eu d'autre prétexte que mon refus de prendre une part active à une cérémonie où la France, son gouvernement et son Roi étaient grossièrement outragés.

M. Pritchard, arrêté en flagrant délit, a été détenu pendant six jours, puis mis à bord d'un navire de sa nation. A cela près, il a été traité avec égards, et n'a éprouvé aucune atteinte dans ses propriétés.

Moi, pour m'être abstenu de toute démonstration dans une orgie politique dirigée contre mon pays, j'ai été incarcéré pendant 147 jours ; la bourgade où je résidais me fut ensuite assignée pour prison. Je fus réduit à m'en évader pour mettre ma vie en sûreté. Pendant ce temps-là, l'exercice de mon industrie me fut interdit, et tout ce que je possédais fut d'abord séquestré, puis pillé et dévasté.

M. Pritchard, à peine de retour en Europe, trouve le gouvernement français empressé à l'indemniser.

Depuis près de sept ans que j'ai été si cruellement dépouillé, toutes mes réclamations, toutes les démarches des agents français en ma faveur, ont été repoussées par Rosas d'une manière aussi insultante pour le gouvernement du Roi qu'injuste envers moi ; car, dans cette circonstance, il a scandaleusement violé le traité qu'il venait de conclure.

Maintenant, Messieurs, je passe à l'exposé des faits :

J'étais établi, depuis cinq ans, à Bahia-Blanca, au sud de la province de Buenos-Ayres, quand survint entre la France et le gouvernement de Rosas la rupture qui amena le blocus du littoral argentin. Il serait trop long de vous expliquer, Messieurs, comment, grâce aux capitaux que j'avais apportés dans ce pays, aux établissements que j'y formai, aux ressources que j'y découvris, et que je sus faire valoir, cette contrée, jusque-là déserte, devint florissante. Bahia-Blanca où, avant mon arrivée, on trouvait à peine quelques misérables huttes, était devenue, en peu d'années, une ville d'environ 3,000 âmes, où se faisait un commerce important.

Je n'avais pu imprimer à un pays neuf une aussi heureuse impulsion, sans que mes affaires s'en ressentissent ; elles avaient rapidement prospéré. J'avais fait construire là deux maisons, dont une m'avait coûté plus de 12,000 piastres fortes ; j'avais établi une boulangerie importante, avec les accessoires de mouture en usage dans ces contrées ; j'exploitais, en même temps, des établissements ruraux.

L'activité, la diversité et l'importance de mes entreprises m'avaient mis à même d'être utile à une grande partie des habitants de cette colonie naissante ; aussi, tant que dura la paix, je fus dans les meilleurs termes avec la plupart d'entre eux ; j'avais bien quelques envieux, mais ils dissimulèrent leur mauvais vouloir tant que le maintien de la bonne intelligence entre la France et la République Argentine me permit de compter sur une certaine protection ; mais après la rupture, qui éclata à la fin de mars 1838, il me fut facile de prévoir les persécutions auxquelles j'allais être en butte. Les motifs plausibles manquaient, le prétexte qu'on fit naître démontra qu'on ne serait pas difficile sur le choix des moyens.

Rosas avait fait solennellement approuver, par le simulacre de Chambre des représentants qu'il conserve pour consacrer les actes de sa monstrueuse tyrannie, la résistance opiniâtre qu'il opposait aux réclamations si justes et si modérées de la France. Il avait ensuite ordonné que cette approbation fût célébrée d'une extrémité à l'autre de la province par des réjouissances publiques. Dans ces cérémonies il fallait que l'enthousiasme de commande se manifestât par les injures les plus violentes et les plus grossières contre tout ce qui était Français. Les cortéges, composés ou escortés de la lie de la populace, vociféraient des cris de *Mort aux immondes pirates français ! Mort à Louis-Philippe !* Et le nom du Roi était toujours accompagné des épithètes les plus insultantes dont je rougirais de salir ces lignes en vous les répétant.

Les journaux étaient remplis de la relation de ces dégoûtantes orgies, et je voyais avec anxiété approcher le jour où elles se répéteraient à Bahia-Blanca. Mes craintes ne tardèrent pas à se réaliser. Le 18 septembre 1838 je reçus un avis, adressé à tous les habitants de la ville, par lequel on les prévenait qu'une fête aurait lieu le 24 pour célébrer la résolution de la Chambre dans la question pendante avec les agents de la France, et en féliciter l'*illustre restaurateur des lois, don Juan-Manuel Rosas.* Le même avis ouvrait une *souscription volontaire* à laquelle on invitait les habitants à concourir pour subvenir aux frais de la cérémonie.

Dès que cet avis me parvint, je me rendis chez le juge de paix (la première autorité du pays) ; je lui rappelai que dans toutes les circonstances j'avais contribué à tout ce qui pouvait être utile au pays ; que j'avais toujours pris part aux solennités publiques ; mais

des acquéreurs. Ceux-ci, n'ayant pas par devers eux les fonds nécessaires pour me payer, devaient me fournir des traites sur Rio-de-Janeiro, où je comptais me rendre ; et comme rien ne pouvait me garantir le payement de ces traites, l'acte de vente réservait naturellement mes droits sur les propriétés jusqu'au parfait payement : rien, ce me semble, n'était plus rationnel.

A cette époque, l'administration civile ou judiciaire n'avait encore aucune organisation régulière à Bahia-Blanca. Le juge de paix réunissait tous les pouvoirs civils. Il n'y avait pas de notaire ; les contrats se passaient donc entre les parties intéressées ; leur authenticité était constatée ensuite par la légalisation du juge de paix.

Le 22 juin 1839, je vendis par deux contrats sous signatures privées, ma principale maison, avec le mobilier et mon fonds de commerce, moyennant 14,000 piastres fortes, et un établissement rural, moyennant 3,500 piastres fortes.

Lorsque je demandai au juge de paix la ratification de ces actes, il la refusa, prétendant que la vente n'était pas sérieuse, à cause des réserves que je faisais pour le cas où les traites qui devaient m'être remises en payement ne seraient pas acquittées. D'un autre côté, il voulait que la faculté de rouvrir la maison de commerce qu'on m'obligeait à vendre fût subordonnée à une autorisation spéciale du gouverneur ; ce qui, dans ce cas, impliquait non pas seulement la possibilité, mais bien la probabilité d'un refus.

Ainsi d'une part, en vendant, par force, mes propriétés, ne devant recevoir que des valeurs dont le payement était incertain, je n'en devais pas moins donner quittance définitive, sans conserver aucune garantie.

De leur côté, mes acquéreurs m'achetaient une maison avec un fonds de commerce que j'avais exploité pendant cinq ans, et ils auraient dû m'en payer le prix, sans savoir s'il leur serait ou non permis de l'exploiter à leur tour.

Dans un pareil état de choses, il est évident que le marché n'était exécutable de part ni d'autre ; force fut donc d'y renoncer.

Cet exposé vous paraîtra sans doute incroyable, Messieurs ; mais je vous prie de vouloir bien ne pas perdre de vue que je n'avance rien que je ne sois en mesure de prouver ou par des documents authentiques, ou par des témoignages irrécusables.

Lorsque, par suite de ces misérables chicanes, je me vis dans

l'impossibilité de réaliser, à aucun prix, ce que je possédais, j'insis-
tai de nouveau pour obtenir un passe-port; et, afin d'écarter tout
prétexte de refus, motivé sur l'intention qu'on eût pu me supposer
de chercher à me soustraire à l'action du gouvernement, je le demandai pour Buenos-Ayres même.

Mais on voulait me renfermer dans un cercle sans issues; à mes
demandes de passeport, on répondait : « L'ordre du gouvernement
« est que vous réalisiez tout ce que vous possédez ici ; qu'ensuite
« vous quittiez le pays. Or, on ne vous donnera de passe-port qu'a-
« près que vous aurez tout réalisé. » En même temps, ainsi qu'on
vient de le voir, on rendait toute réalisation impossible.

Ces vexations prenaient chaque jour un caractère plus alarmant :
bientôt j'acquis la conviction que toute tentative pour sauver quelques débris de ma fortune serait superflue; qu'il ne me restait plus
qu'à tâcher de mettre en sûreté ma vie sérieusement menacée. A cet
égard, du moins, je fus favorisé par l'arrivée, dans le port, d'un navire de commerce anglais. Je parvins à me concerter avec le capi-
taine qui, la veille du jour où il devait mettre à la voile, m'envoya
un canot qui m'attendit, caché dans des roseaux ; et, grâce à lui, je
parvins à m'évader dans la nuit du 25 septembre.

Ce bâtiment me transporta à Montévideo, où je m'empressai de
protester devant les Autorités françaises.

Après la conclusion du traité signé par M. le baron de Mackau le
29 octobre 1840, je me rendis à Buenos-Ayres, et je remis à la
Commission mixte, instituée en vertu du traité pour statuer sur les
indemnités, ma réclamation appuyée de tous les documents justi-
ficatifs.

La nomination de cette Commission a été la source d'embarras et
de difficultés soulevés par les commissaires argentins sur toutes les
questions mises en délibération. Le principe de l'indemnité était bien
reconnu par le traité ; mais pour l'exécution, on prétendait n'avoir
à en faire l'application à personne, attendu qu'on niait qu'aucun
Français eût été lésé dans sa personne ou ses propriétés. Ainsi, l'in-
fortuné Bacle, mort après une agonie de dix mois, martyr des traitements barbares exercés sur lui, n'avait pas eu motif de se plaindre ;
Pierre Lavie, qui n'avait résisté à des traitements non moins cruels
que grâce à sa jeunesse et à la force de sa constitution, qui jouissait
de l'estime générale pour sa probité et sa bonne conduite, était re-

présenté comme un voleur ; moi, qui m'occupais exclusivement de mes affaires personnelles, qui m'étais fait une règle invariable de ne m'immiscer dans aucun débat politique ; qui, pour éviter jusqu'à l'apparence de mésintelligence avec l'autorité, avais laissé passer comme inaperçues bien des petites iniquités, des vexations, j'étais signalé comme un perturbateur à qui l'on avait rendu service en l'emprisonnant pour le soustraire à l'animadversion publique. On contestait à d'autres leur nationalité sous les prétextes les plus frivoles ou les plus faux. La conclusion de ces allégations mensongères était nécessairement qu'aucnne réclamation n'était fondée ; que, par conséquent, le gouvernement argentin ne devait d'indemnité à personne. Pour sortir de ce mauvais pas, les commissaires français se virent réduits à établir une cote mal taillée ; et sans désigner les individus à indemniser, il fut convenu que le gouvernement Buenos-Ayrien payerait une somme de 160,000 piastres fortes, dont les commissaires français opéreraient la répartition.

Cette somme était loin déjà d'être suffisante pour réparer les préjudices causés par les déprédations de Rosas et de ses agents. Elle le devint bien plus encore par la manière incroyable dont elle fut répartie.

Pour ce qui m'est personnel, je ne fus compris dans cette répartition que pour une modique somme de 7,000 piastres, parce que, dans un protocole des conférences de la Commission mixte, sous le n° 14, il fut fait une réserve consentie par les commissaires argentins, et rappelée dans une note officielle du Ministre des relations extérieures de Buenos-Ayres, M. Arana, dont M. le Ministre des affaires étrangères a bien voulu me faire donner copie. Cette réserve stipulait que *je reprendrais librement possession de mes biens à Bahia-Blanca et de l'exercice de mon industrie.*

Mes réclamations s'élevaient, d'après l'inventaire dressé le 4 octobre 1838, au moment de mon arrestation, à 37,650 piastres fortes. Le chiffre est justifié, pour le mobilier et les marchandises, par l'inventaire ; pour les immeubles, par les quittances mêmes des contributions.

Lorsque, pour en finir, les commissaires français consentirent à transiger pour la somme de 160,000 piastres que devait payer le gouvernement de Buenos-Ayres, c'est parce que celui-ci, de son côté, avait consenti à d'autres compensations. Ainsi, pour ne parler

que de ce qui me concerne, le protocole n° 14, que je viens de citer, stipulait que *je reprendrais librement possession de mes biens*
(suivant l'inventaire déposé aux archives de la justice de paix) *ainsi
que de l'exercice de mon industrie.* Les commissaires français, comptant sur l'exécution de cette clause, aussi simple que juste, pensèrent que, rentrant dans mes propriétés et dans ce qui pouvait rester
des autres valeurs séquestrées, il n'y avait plus à m'allouer qu'une
compensation du préjudice qui m'avait été causé par la privation de
mes biens pendant trois ans, et par la dépréciation qu'ils avaient dû
éprouver depuis qu'on m'avait forcé de les abandonner.

Les 7,000 piastres pour lesquelles je fus compris dans la répartition des indemnités étaient loin de compenser ce dommage ; cependant, Messieurs, je ne fis entendre ni réclamations, ni plaintes ; je
sais que, dans de pareils conflits, toutes les pertes ne peuvent être
intégralement réparées, et je m'étais résigné à faire ce qu'on appelle la part du feu ; d'autant plus que j'appréciais les difficultés que
la mauvaise foi de Rosas et de ses agents opposait aux Autorités françaises ; et, pour ne pas multiplier ou prolonger leurs embarres, je
préférai me soumettre à tous les sacrifices admissibles. Je me serais
donc contenté de rentrer dans mes propriétés, malgré leur détérioration, si, comme on s'y était formellement engagé, on m'eût rendu
la libre jouissance, avec la faculté d'y exercer mon industrie.

Confiant donc dans les stipulations de ce protocole, conséquence
naturelle du traité du 29 octobre 1840, le 22 juin 1841 je me
pourvus près du gouvernement de Buenos-Ayres, à l'effet d'obtenir que le décret rappelé ci-dessus, du 4 janvier 1839, qui
m'ordonnait de liquider toutes mes affaires à Bahia-Blanca et de
quitter le pays, de même que les décisions du juge de paix qui défendaient de disposer de rien de ce qui avait été séquestré dans
mon établissement, fussent rapportés, afin que je pusse rentrer
dans mes biens, conformément aux conventions du protocole précité.

Je fus plus d'un mois sans recevoir de réponse. Pour en obtenir
une quelconque, le 26 juillet je présentai une requête au juge de
première instance, dans les attributions duquel sont ces sortes d'affaires, en le priant de me faire connaître la décision qui avait dû
être rendue sur ma demande du 22 juin.

Le lendemain, 27 juillet, le juge me fit notifier par le notaire

pour en diminuer l'importance, les commissaires argentins firent observer qu'on ne devait pas m'y comprendre, puisque mes biens existaient et qu'on me les rendrait. Comme il en avait été dressé un inventaire d'après lequel la restitution devait s'en opérer, la proposition, si elle eût été faite de bonne foi et que les valeurs à restituer se fussent trouvées intactes, n'eut rien eu que de juste ; elle fut donc acceptée par les commissaires français, qui ne pouvaient soupçonner qu'on leur tendît un piége, et elle fit l'objet du protocole n° 14.

Les agents de Rosas, en faisant une proposition plausible, avaient un but qu'ils ont atteint, celui de faire réduire le chiffre de l'indemnité ; mais ils savaient, en signant le protocole, que la condition offerte par eux ne serait pas exécutée ; que toutes les valeurs mobilières inventoriées avaient disparu ; que les immeubles étaient dévastés ; que, conséquemment, la remise de mes biens sur inventaire était impossible. En m'interdisant donc le retour à Bahia-Blanca, on espérait que, si je chargeais un tiers de prendre pour moi possession de mes propriétés, soit qu'il y apportât moins d'intérêt, soit qu'on parvînt à l'intimider, on lui arracherait une décharge dont on s'armerait ensuite contre moi. Ainsi pendant qu'on signait l'engagement *de me rendre la libre jouissance de mes biens et l'exercice de mon industrie*, on préparait le décret qui m'interdit la faculté d'en aller reprendre possession et de continuer l'exploitation de mes établissements industriels et commerciaux.

Telles sont, Messieurs, les indignes roueries dont je suis victime.

La violation du traité et des stipulations qui en étaient résultées ne pourrait être plus manifeste. Je sollicitai alors le Ministre de France à Buenos-Ayres de demander qu'au moins on me tînt compte de la valeur des biens qu'on refusait de me remettre en nature. Après s'être solennellement engagé à me les rendre, le gouvernement de Buenos-Ayres, jugeant à propos de les garder, ne devait-il pas m'en restituer la valeur ? Et veuillez remarquer, Messieurs, que je ne demandais pas même celle que ces propriétés avaient pour moi, quand je les faisais valoir et qu'elles me servaient à l'exploitation d'une industrie productive ; mais celle que le gouvernement lui-même leur avait assignée pour la fixation de l'impôt dont il les avait grevées. Pouvais-je faire une proposition plus juste et plus modérée ?

Je ne vous fatiguerai pas, Messieurs, de la fastidieuse reproduc-

que de ce qui me concerne, le protocole n° 14, que je viens de citer, stipulait que *je reprendrais librement possession de mes biens* (suivant l'inventaire déposé aux archives de la justice de paix) *ainsi que de l'exercice de mon industrie.* Les commissaires français, comptant sur l'exécution de cette clause, aussi simple que juste, pensèrent que, rentrant dans mes propriétés et dans ce qui pouvait rester des autres valeurs séquestrées, il n'y avait plus à m'allouer qu'une compensation du préjudice qui m'avait été causé par la privation de mes biens pendant trois ans, et par la dépréciation qu'ils avaient dû éprouver depuis qu'on m'avait forcé de les abandonner.

Les 7,000 piastres pour lesquelles je fus compris dans la répartition des indemnités étaient loin de compenser ce dommage ; cependant, Messieurs, je ne fis entendre ni réclamations, ni plaintes ; je sais que, dans de pareils conflits, toutes les pertes ne peuvent être intégralement réparées, et je m'étais résigné à faire ce qu'on appelle la part du feu ; d'autant plus que j'appréciais les difficultés que la mauvaise foi de Rosas et de ses agents opposait aux Autorités françaises ; et, pour ne pas multiplier ou prolonger leurs embarres, je préférai me soumettre à tous les sacrifices admissibles. Je me serais donc contenté de rentrer dans mes propriétés, malgré leur détérioration, si, comme on s'y était formellement engagé, on m'eût rendu la libre jouissance, avec la faculté d'y exercer mon industrie.

Confiant donc dans les stipulations de ce protocole, conséquence naturelle du traité du 29 octobre 1840, le 22 juin 1841 je me pourvus près du gouvernement de Buenos-Ayres, à l'effet d'obtenir que le décret rappelé ci-dessus, du 4 janvier 1839, qui m'ordonnait de liquider toutes mes affaires à Bahia-Blanca et de quitter le pays, de même que les décisions du juge de paix qui défendaient de disposer de rien de ce qui avait été séquestré dans mon établissement, fussent rapportés, afin que je pusse rentrer dans mes biens, conformément aux conventions du protocole précité.

Je fus plus d'un mois sans recevoir de réponse. Pour en obtenir une quelconque, le 26 juillet je présentai une requête au juge de première instance, dans les attributions duquel sont ces sortes d'affaires, en le priant de me faire connaître la décision qui avait dû être rendue sur ma demande du 22 juin.

Le lendemain, 27 juillet, le juge me fit notifier par le notaire du gouvernement un nouveau décret daté de la veille, c'est-à-dire du jour même de ma dernière requête, et dont je reproduis littéralement la traduction :

DÉCRET.

Buenos-Ayres, 26 juillet 1841.

« Passé au juge de paix de Bahia-Blanca, pour que, en vertu des
« ordres qui lui ont été donnés le 4 janvier 1839, il intime à
« M. R. Gascogne qu'il liquide toutes ses affaires de commerce et
« autres dans ce lieu; que, ainsi que l'exprime l'ordre, il ne puisse y
« retourner ni y avoir des établissements de commerce; qu'il lui
« permette de sortir du pays, de vendre, par l'entremise d'une
« personne qu'il désignera tout ce qu'il y possède, conformément
« à l'inventaire que le juge de paix a remis le 19 octobre 1839,
« dont copie est restée aux archives du tribunal de paix; et, par ce
« moyen, toutes ses affaires seront terminées, selon ce qui avait été
« ordonné auparavant. »

Au bas de ce décret est le paraphe du gouverneur Rosas et la signature du sieur Garrigos, chargé du portefeuille de l'intérieur.

Permettez-moi, Messieurs, d'appeler un instant votre attention sur cet incroyable document, dont je possède l'original.

Quelques mois à peine s'étaient écoulés depuis que Rosas avait conclu avec M. le baron de Mackau un traité par lequel il s'engage à ce que *les Français résidant sur le territoire argentin soient traités* (sous le rapport de leurs personnes et de leurs propriétés) *comme les sujets des nations les plus favorisées;* et il n'est pas besoin d'ajouter que tous les traités existants consacrent le principe du respect des propriétés.

A la suite de ce traité, une convention spéciale, consentie par le commissaires nommés par Rosas lui-même, stipule que *je rentrerai en possession de mes biens et du libre exercice de mon industrie;* et lorsque je viens réclamer l'exécution pure et simple de cette convention et du traité dont elle dérive, on foule aux pieds la convention et le traité même, pour faire revivre un décret antérieur de plus de deux ans, qui, même à l'époque où il fut rendu, pendant la rupture entre les deux pays, était déjà un acte indigne d'un gouvernement civilisé. Sa reproduction après la paix, dans la circonstance où on me l'oppose, ne constitue-t-elle pas la plus scandaleuse violation de

la foi jurée? Et lorsque, après avoir signé l'engagement *de me re-*
mettre dans la libre possession de mes biens et de mon industrie, on
m'interdit le retour aux lieux où sont situées mes propriétés, et la
faculté d'y conserver mes établissements de commerce; qu'on m'intime l'obligation de tout réaliser par l'entremise d'un tiers, dans
un pays où l'on m'a mis dans l'impossibilité de trouver un mandataire ni un acquéreur, n'est-ce pas aggraver la plus révoltante
iniquité par une odieuse dérision que d'ajouter pour conclusion
qu'à *ce moyen mes affaires seront terminées suivant ce qui avait été*
précédemment ordonné? En effet, à ce moyen elles seraient terminées par ma complète spoliation.

Cependant, Messieurs, j'ai voulu épuiser tous les moyens en mon
pouvoir d'amener cette malheureuse affaire à une solution quelconque. Je parvins à me procurer le moyen de correspondre avec Bahia-
Blanca, et je chargeai quelqu'un de demander au juge de paix s'il
serait disposé à remettre, d'après l'inventaire, à un mandataire que
je désignerais, les propriétés et les valeurs qu'on m'avait séquestrées
en 1838. Le juge de paix accueillit très-mal cette proposition ; il
répondit qu'on pouvait reprendre les choses dans l'état où elles se
trouvaient; que quant à l'inventaire il ne voulait pas en entendre
parler, d'autant plus qu'il avait à cet égard *des ordres supérieurs.* Il
finit par donner à entendre qu'il pourrait n'être pas sans danger
d'insister à cet égard.

En m'informant de cette réponse, on me fit savoir aussi qu'il ne
restait rien des effets et des marchandises inventoriés au moment
où l'on ferma mes établissements; que tout le bétail que je possédais
dans mes biens de campagne avait été enlevé; qu'enfin mes maisons
étaient dévastées, qu'on en avait enlevé jusqu'aux portes et croisées.

Pour ceci, Messieurs, je ne puis vous en fournir la preuve écrite
comme pour tout ce qui précède; je n'ai pu avoir ces détails qu'à la
longue; ceux qui me les ont donnés n'ayant pas osé les écrire ; mais
je ne puis les mettre en doute, et je crois que tous les faits anté-
rieurs que j'ai cités et pour lesquels je possède des preuves incontestables suffiront pour établir aussi votre conviction.

Au reste, l'état dans lequel se trouvaient mes propriétés quand
je les ai fait réclamer, explique la conduite du gouvernement de
Buenos-Ayres en ce qui me concerne. Lorsqu'il fut question de discuter le chiffre des indemnités que ce gouvernement devrait payer,

pour en diminuer l'importance, les commissaires argentins firent observer qu'on ne devait pas m'y comprendre, puisque mes biens existaient et qu'on me les rendrait. Comme il en avait été dressé un inventaire d'après lequel la restitution devait s'en opérer, la proposition, si elle eût été faite de bonne foi et que les valeurs à restituer se fussent trouvées intactes, n'eut rien eu que de juste ; elle fut donc acceptée par les commissaires français, qui ne pouvaient soupçonner qu'on leur tendît un piége, et elle fit l'objet du protocole n° 14.

Les agents de Rosas, en faisant une proposition plausible, avaient un but qu'ils ont atteint, celui de faire réduire le chiffre de l'indemnité ; mais ils savaient, en signant le protocole, que la condition offerte par eux ne serait pas exécutée; que toutes les valeurs mobilières inventoriées avaient disparu ; que les immeubles étaient dévastés; que, conséquemment, la remise de mes biens sur inventaire était impossible. En m'interdisant donc le retour à Bahia-Blanca, on espérait que, si je chargeais un tiers de prendre pour moi possession de mes propriétés, soit qu'il y apportât moins d'intérêt, soit qu'on parvînt à l'intimider, on lui arracherait une décharge dont on s'armerait ensuite contre moi. Ainsi pendant qu'on signait l'engagement *de me rendre la libre jouissance de mes biens et l'exercice de mon industrie*, on préparait le décret qui m'interdit la faculté d'en aller reprendre possession et de continuer l'exploitation de mes établissements industriels et commerciaux.

Telles sont, Messieurs, les indignes roueries dont je suis victime.

La violation du traité et des stipulations qui en étaient résultées ne pourrait être plus manifeste. Je sollicitai alors le Ministre de France à Buenos-Ayres de demander qu'au moins on me tînt compte de la valeur des biens qu'on refusait de me remettre en nature. Après s'être solennellement engagé à me les rendre, le gouvernement de Buenos-Ayres, jugeant à propos de les garder, ne devait-il pas m'en restituer la valeur ? Et veuillez remarquer, Messieurs, que je ne demandais pas même celle que ces propriétés avaient pour moi, quand je les faisais valoir et qu'elles me servaient à l'exploitation d'une industrie productive ; mais celle que le gouvernement lui-même leur avait assignée pour la fixation de l'impôt dont il les avait grevées. Pouvais-je faire une proposition plus juste et plus modérée?

Je ne vous fatiguerai pas, Messieurs, de la fastidieuse reproduction des arguments sur lesquels on fonde le refus de faire droit à une semblable réclamation. Si je ne possédais une copie certifiée par M. le Ministre des affaires étrangères de la réponse officielle du Ministre des relations extérieures de Buenos-Ayres, je n'oserais pas vous dire que le seul grief formellement argué pour justifier les persécutions exercées contre moi (et encore le fait est-il faux), est *d'avoir fait peindre en vert les portes et les croisées de ma maison*; tout le reste ne consiste qu'en allégations dénuées non pas seulement de preuves, mais même de toute vraisemblance.

Il demeure donc établi par des documents officiels qu'il y a, de la part de Rosas, parti pris de repousser toutes les réclamations des Français qu'il a dépouillés, quelles que justes qu'elles puissent être (1). Après m'avoir renvoyé de Buenos-Ayres à Paris, on ne peut en conscience me renvoyer de Paris à Buenos-Ayres, quand on a la certitude que toute justice m'y sera refusée. Au point où la question a été amenée par la duplicité de Rosas et de ses agents, c'est donc à Paris seulement que mes réclamations peuvent être jugées. Il est à cet égard un point hors de toute controverse, c'est que, à la suite du traité, un protocole a été signé par les commissaires respectifs, qui stipule que *je rentrerai dans la libre possession de mes biens et de mon industrie*. Puisque cette restitution avait été reconnue juste et qu'elle était mutuellement consentie, il est évident que si elle n'eût pas été admise, j'avais droit à un dédommagement équivalent à la valeur de ces biens, et qui eût augmenté d'autant la somme des indemnités mises à la charge du gouvernement argentin. Celui-ci refusant à cet égard d'exécuter ses propres engagements, ne doit-il pas au moins rendre la valeur des biens qu'il retient en violation des traités?

En posant ainsi un principe qui, en droit et en équité, me paraît incontestable, je n'ai pas la prétention de fixer moi-même ce que je me crois en droit de réclamer, ni d'en être cru sur parole; ce que

(1) Indépendamment de la note du ministre des relations étrangères que je viens de citer, je possède un numéro de la *Gaceta mercantil*, journal officiel de Rosas, en date du 5 septembre 1844, où il a voulu faire réfuter ce qui a été dit à la Chambre des députés par M. Thiers sur la question de la Plata. Cette réfutation y est publiée en trois langues : espagnol, français et anglais. Il y est question de ma réclamation et de celles de cinq autres Français. En lisant les arguments opposés à toutes ces réclamations, on demeure convaincu de l'inutilité avec Rosas de toute discussion basée sur les principes de la raison et de l'équité.

je sollicite, c'est justice, et rien qu'une stricte justice ; qu'une commission composée d'hommes honorables et impartiaux soumette à un examen sévère les documents que depuis longtemps déjà j'ai produits aux Autorités françaises et à M. le Ministre des affaires étrangères ; qu'on me demande tous les éclaircissements qui pourront être jugés nécessaires ; qu'on mette en regard de mes réclamations les motifs allégués par le gouvernement de Buenos-Ayres pour les repousser ; qu'on apprécie les uns et les autres ; qu'on décide ensuite si j'ai droit ou non à une indemnité. Si, comme je n'en puis douter, ce droit est reconnu évident, incontestable ; qu'on fixe, non pas arbitrairement, mais sur les documents mêmes, le montant équitable de cette indemnité, et que ce chiffre arrêté, on n'en remette plus le payement en question par de nouveaux débats avec un gouvernement de mauvaise foi ; mais que ce payement soit formellement exigé comme une réparation légitimement due.

La seule cause alléguée par le gouvernement de Rosas pour justifier les spoliations et les mauvais traitements dont je viens de vous retracer le tableau, est puisée dans la supposition de mon esprit remuant et perturbateur, de mes actes d'opposition au gouvernement et de résistance aux autorités, etc...

Ces accusations, fussent-elles vraies autant qu'elles sont fausses, eussent pu motiver l'expulsion d'un étranger qui se fût rendu dangereux ; mais elles n'eussent jamais donné le droit de le dépouiller de biens légitimement acquis, d'exercer sur lui mille persécutions inutiles ; de lui prescrire de réaliser tout ce qu'il possède, quand, d'une part, on lui défend de rien vendre dans ses établissements de commerce, et que, de l'autre, on annule la vente qu'il a faite de ses propriétés ; de lui intimer l'ordre de quitter le pays et de lui refuser obstinément le passe-port indispensable pour exécuter cet ordre !!!

Mais, Messieurs, je repousse ces imputations par le démenti le plus formel. Je me suis fait, partout où je réside, une règle invariable du respect à la loi, de la soumission à l'Autorité. Rien n'est plus opposé à mon caractère que l'esprit de résistance qu'on me reproche. Les documents à l'appui de ma réclamation en font foi, et je pourrais en fournir encore d'irrécusables témoignages : tous les agents du gouvernement français qui ont résidé dans la République Argentine en même temps que moi ; tous les chefs des principales maisons de commerce françaises ou étrangères de Buenos-Ayres avec lesquelles j'ai été en relation ; la plupart des Français recommandables qui ont fréquenté ces contrées, et dont plusieurs résident maintenant à Paris ; enfin la respectable maison Roul et Comp^e de Bordeaux, qui était mon correspondant en France, et dont un des chefs est votre honorable collègue.

Mais, Messieurs, qu'est-il besoin de témoignages pour apprécier de semblables allégations? Avec la moindre notion du caractère de Rosas et de sa manière d'exercer le pouvoir, qui pourra croire que, sur un point isolé, où je ne pouvais invoquer aucune protection, lui ou ses agents eussent toléré la centième partie des actes d'opposition dont ils m'accusent? D'ailleurs il est à remarquer que ces imputations n'ont été imaginées que tardivement, et pour les opposer à de justes réclamations, tandis que je mets sous vos yeux les preuves écrites des faits que j'avance.

Daignez, Messieurs, excuser mes pressantes instances ; mais les faibles débris que j'ai pu recueillir, depuis le règlement des indemnités, recouvrés en détail, n'ont pu m'être d'aucune ressource pour le rétablissement de mes affaires, d'autant plus qu'ils ont été en grande partie absorbés par l'acquittement des dettes que je fus réduit à contracter, après mon évasion de Bahia-Blanca, où j'avais été forcé d'abandonner tout ce que je possédais, et que le surplus s'épuise dans les démarches que je fais depuis si longtemps et jusqu'alors sans résultat. Aujourd'hui, si justice ne m'est enfin rendue, je me vois à la veille de manquer du nécessaire pour moi-même et pour mes vieux parents dont je suis depuis longtemps l'unique soutien. J'ose donc espérer, Messieurs, que vous daignerez prendre en considération la justice de ma réclamation et la position cruelle où me réduisent les iniquités que je vous signale.

Je suis avec respect,

Messieurs les Députés,

Votre très-humble
et très-obéissant serviteur,

P. GASCOGNE.

Paris, cité Bergère, n. 4, le 18 février 1845.

Imprimerie de HENNUYER et TURPIN, rue Lemercier, 24. Batignolles.